AF369593

REGLEMENS

POVR

LA DISCIPLINE,

Pratique, & maniere de proceder dans la Iurifdiction de la Confervation des Privileges Royaux des Foires de Lyon, conformément aux Ordonnances, & aux Edits, & Declarations du Roy concernant ladite Iurifdiction.

A LYON,

Chez Antoine Jullieron, feul Imprimeur & Libraire ordinaire du Roy, du Clergé, & de la Ville, en la Place de Confort, aux deux Viperes.

M. DC. LXXXVIII.

Avec Privilege de Sa Majefté.

REGLEMENS

POVR LA DISCIPLINE, PRATIQVE,

& maniere de proceder dans la Iurisdiction de la Conservation des Privileges Royaux des Foires de Lyon, conformément aux Ordonnances, & aux Edits, & Declarations du Roy concernant ladite Iurisdiction.

LES PREVOST DES MARCHANDS & Eschevins, Presidens, Iuges Conservateurs des Privileges des Foires de la ville de Lyon; Sçavoir faisons, que sur ce qui nous a esté remontré par le Procureur du Roy, qu'aprés que cette Iurisdiction a esté aussi bien establie qu'elle l'est par tant de Titres anciens & nouveaux, & particulierement par l'Edit solemnel du mois de Iuillet mil six cens soixante-neuf, donné par Sa Majesté glorieusement regnante qui en a confirmé & fait reconnoistre les attributions & Privileges dans toutes les Cours & Ressorts de son Royaume, il estoit necessaire d'establir pareillement une Regle & Discipline certaine pour l'exercice de la Iustice dans ce Tribunal conformément à ces titres, suivant laquelle les parties, leurs Avocats & Procureurs qui y doivent agir & proceder, puissent se conduire & se conformer à une pratique & usage qui soit fixe & connu d'un châcun, & qui soit le plus propre à maintenir cet ordre qui est si important & si indispensable pour l'administration de cette même Iustice, qu'il en est l'ame & le soûtien: qu'il avoit bien esté pourvû en certaines occurrences sur quelques chefs particuliers par quelques Ordonnances cydevant renduës ; mais que le changement des Iuges, l'abondance des affaires qui s'augmentent journellement, & la difference des cas qui surviennent, auroient éloigné jusques à present un Reglement plus general, lequel pouvant estre maintenant fondé sur une plus parfaite connoissance & experiance des abus, & des remedes qu'ils exigent, ne peut plus estre differé, sauf à y ajoûter dans la suite ce qui sera encor jugé le plus expediant, pour faire cesser d'autres inconveniens qu'une plus longue pratique pourra découvrir. REQUEROIT partant ledit Procureur du Roy qu'il fut incessamment pourvû audit Reglement, ce qui a esté par nous fait sur châcun des Articles par luy proposez ainsi que sensuit.

PREMIEREMENT.

LEs Audiances de ladite Iurisdiction se tiendront trois fois la semaine ; sçavoir les Lundy, Mecredy & Vendredy.

II.

Celles des Lundy & Vendredy seront les deux Audiances principales, destinées pour les publications & pour les causes instruites & prestes à plaider : Elles commenceront par les Publications, & pourra neanmoins, si le temps le permet, y estre prononcé sur les Reglemens les plus pressans.

III.

L'Audiance du Mecredy sera specialement destinée pour les Défauts : & pour les Reglemens necessaires à l'instruction & à la preparation des Causes, n'y pourront estre faites aucunes Publications valables : Les Causes renvoyées precisément audit jour y pourront neanmoins estre plaidées aprés la premiere heure employée aufdits Reglemens.

I V.

Les Iuges s'affembleront dans la Chambre du Confeil à deux heures de relevée, pour y proceder aux Iugemens des Procez par écrit, s'il y en a qui foient en eftat d'eftre jugez, jufques à trois heures fonnantes; auquel temps & heure precisément ils iront tenir l'Audiance, pourvu qu'il y ait un Gradué pour prefider, & le nombre des Iuges porté par l'Edit.

V.

Lefdites Audiances fe tiendront dépuis trois heures juf-ques à cinq heures fonnantes, à laquelle heure elles cef-feront precisément, fauf à eftre la caufe commencée con-tinüée à la plus prochaine Audiance; le Procureur du Roy ayant la parole, l'Audiance tiendra jufques à ce qu'il aye achevé de parler, fauf à remettre aufli d'opiner, & de prononcer fur la caufe plaidée à la prochaine Au-diance.

V I.

Pour faciliter une plus prompte expedition de la Iufti-ce à l'avantage des parties & du public, le Prefident gradué, enfemble celuy ou ceux des autres Iuges gradués qui fe trouveront prefens, conjointement ou feparément, pourront venir prendre feance dans la Chambre d'Au-diance, pour oüir, authorifer & regler les Publica-tions qui s'y feront, & ce dépuis deux heures jufques à celle de trois des Lundy & Vendredy, (auquel temps la Compagnie y doit monter,) fauf à renvoyer les con-teftations qui ne pourront eftre terminées que par un nombre de Iuges competant, & les faire rappeler l'Audiance tenant; pourra pareillement estre procedé aux Reglemens les plus pressans jusques à ladite heure de trois, en cas que les Publications soient finies auparavant; & les jours de Mecredy, la même heure de deux jusques à trois pourra estre aussi employée ausdits Reglemens par lesdits sieurs Iuges gradués avant la tenuë de l'Audiance, auquel effet seront obligez les Procureurs de se trouver dans ladite Chambre à ladite heure precisément lesdits jours de Lundy, Mecredy & Vendredy; & ceux qui ne seront necessaires aux Publications & Reglemens pendant ladite heure, pourront cependant communiquer au Parquet du Procureur du Roy qui se tiendra dans ledit temps; ne seront admis à plaider & communiquer qu'en habit & en estat décent, ainsi qu'il se pratique dans les tribunaux de Iustice Royale; ne pourront aussi les Iuges prendre leurs seances dans la Chambre du Conseil pour proceder au jugement des Procez par écrit, qu'en habit décent & tel qu'ils le portent à l'Audiance.

V I I.

Lesdites Audiances surseoiront non seulement aux jours des Festes commandées par l'Eglise, mais encore à tous ceux de la sainte Vierge quoy que non festés, de saint Ioseph & de saint François de Sales, de saint Saturnin & de saint Nizier les deux Patrons, l'un de la Paroisse de saint Pierre, qui est presentement celle de l'Hôtel de Ville, & l'autre de la Paroisse de saint Nizier ancienne Paroisse du même Hôtel, & qui l'est encor à present de la plus grande partie des Magistrats & du peuple de ladite Ville; la même sursoyance aura aussi lieu pour les jours feriez par la Iustice ordinaire.

VIII.

Surſoiront pareillement leſdites Audiances pendant l'Octave de la ſemaine Sainte, & de celle qui ſuit le jour de Pâques, juſqu'au premier plaidoyable aprés le Dimanche de Quaſimodo, & depuis le dernier plaidoyable devant la veille de Noël, juſqu'au premier plaidoyable aprés la Feſte des Roys, ainſi que le Vendredy qui precede le Dimanche jour de l'élection des nouveaux Prevoſt des Marchands & Eſchevins, à cauſe du concours & des aſſemblées du Peuple qui ſe font à pareil jour dans ledit Hôtel; & ne commenceront leſdites Audiances aprés les Rois que le premier Lundy, ou Vendredy aprés l'entrée & inſtallation des nouveaux Prevoſt des Marchands ou Eſchevins dans le Conſulat.

I X.

Sera pareillement ſurcis depuis le Mecredy des jours gras incluſivement juſqu'au premier plaidoyable aprés le jour des Cendres.

X.

Seront en outre leſdites ſurſoyances accordées pour le temps des Moiſſons & des Vendanges ; à l'égard des premieres, dépuis le dernier jour plaidoyable avant la ſaint Iean juſqu'au premier plaidoyable aprés la ſaint Pierre d'Aouſt, & dépuis le dernier plaidoyable devant la Feſte de la Nativité de la Vierge, qui ſe celebre au mois de Septembre, juſqu'au premier plaidoyable aprés la ſaint Martin ; en ſorte toutefois que pendant leſdites vacations des Moiſſons & des Vendanges il ſera donné Audiance une fois la ſemaine tous les Vendredy, à commencer à l'égard de celles des Moiſſons dépuis le ſecond Vendredy aprés la ſaint Iean, juſques au plaidoyable qui precedera le jour de sainte Magdelaine : & à l'égard de celles de l'Automne, dépuis le second Vendredy aprés ladite Feste de la sainte Vierge, jusqu'à celuy qui precedera la Feste de saint Simon & saint Iude inclusivement.

X I.

Et attendu que la faveur & le privilege du commerce & de cette Iurisdiction en exclut proprement toutes sortes de Feries, seront les susdites surseances levées toutes les fois que le cas l'exigera, sur les remontrances des parties ou Procureurs appuyées d'une necessité establie par les remonstrances & requisitions du Procureur du Roy.

X I I.

Dans le temps des festes de Pâques & de Noël, & aux derniers jours qui les precederont les plus convenables, sera donné une Audiance pour les Prisonniers dans la Sale des Prisons destinée à cet effet en la maniere ordinaire, dans laquelle Audiance il sera pourvu sur l'élargissement requis des prisonniers qui ne le seront pour crimes, ou civilement pour des sommes qui n'excederont pas celles de cinq cens livres, & pour des cas qui ne se trouveront avoir un privilege special qui exige par sa consequence le refus de l'élargissement.

X I I I.

Lors que les Procureurs seront reçeus à plaider pour leurs parties, ils le feront d'une maniere concise sur le fait de la cause, sans s'écarter ny emporter en injures & sans aucune redite & repetitions inutiles ; ne pourront interrompre celuy qui aura la parole que par une interpellation expresse du Iuge president, sauf à repliquer s'il

leur

leur eſt permis ; ceſſeront de parler quand le Procureur
du Roy ſe levera, & ne pourront parler apres luy qu'ils
ne ſoient expreſſement interrogez par ledit ſieur Preſi-
dent, ny plaider faux ſous quelque pretexte que ce ſoit,
le tout à peine d'eſtre décheus de tout droit de taxe
pour leur plaidoyer, & de ſix livres d'amande, lors qu'en
l'un des ſuſdits cas d'irreverance & interruption elle ſera
requiſe par le Procureur du Roy ; ſera même prononcée
d'Office s'il y échoit, & en cas de recidive elle ſera
augmentée & proportionnée à l'irreverance & obſtina-
tion du Procureur qui ſortira du reſpet & de l'obeïſſance
qu'il doit à Iuſtice.

X I V.

Ne pourra la taxe qui ſera faite pour le plaidoyer deſdits Procureurs, exceder celle qui leur eſt accordée dans
les autres tribunaux de Iuſtice, à peine de radiation à
l'égard de ceux qui la recevront, & d'en repondre par les
tiers & aſſiſtans à ladite taxe.

X V.

Les aſſignations & adjournemens ſeront donnés du jour
au lendemain aux domiciliez, & à l'égard des Forains
qui ne ſeront éloignés de plus de dix lieües, les délaïs
ſeront de trois jours, & augmentés à proportion ſuivant
la diſtance des lieux ; & pour les Eſtrangers ils ſeront au
plus de quinzaine, le tout ſuivant l'ancien ſtile & uſage
de ladite Iuriſdiction, en ce qui eſt conforme à la nouvelle Ordonnance & à l'Edit de mil ſix cens ſoixante-neuf.

X V I.

Trois jours aprés ces delaïs expirez, le défaut ſera donné contre la partie défaillante pour eſtre le profit adjugé,

& ce à la plus prochaine Audiance ou Chambre du Conſeil ſi la choſe requiert celerité, en cas toutefois que la demande ſoit ſuffiſamment eſtablie, ſinon il ſera ordonné qu'avant faire droit la partie défaillante viendra répondre ſur la verité de la demande à elle faite, & faute de comparoir dans le delay competant aprés la ſignification de cette Ordonnance interlocutoire, la demande ſera tenüe pour confeſſée & averée, & le profit du défaut prononcé en conſequence.

XVII.

Pour eviter toute ſurpriſe & ſuſpicion d'Exploits, ſeront pareils les Iugemens & autres interlocutoires ſignifiez par les Huiſſiers de ſervice dans ladite Iuriſdiction, ce qui ſera ainſi porté par l'Ordonnance qui interviendra.

XVIII.

Les Defauts ſeront jugez à l'entrée de l'Audiance du Mecredy particulierement deſtiné pour ce ſujet, ainſi que pour les Reglemens : & afin d'eſtablir un bon ordre, & éviter toute confuſion, ſurpriſe, & precipitation dans l'obtention du profit deſdits Defauts, châcun des Procureurs qui les devront requerir remettra au Greffe, la veille du jour ou le matin avant ladite Audiance, une liſte de ceux qui ſeront en eſtat d'eſtre jugés avec les qualitez des parties ; leſquelles liſtes ſeront lûes par le Greffier ſelon l'ancienneté des Procureurs qui les auront remiſes : pourront encore eſtre leſdits Defauts jugez en la Chambre du Conſeil ſelon l'exigence du cas.

XIX.

Pour eviter l'embarras & multiplicité des Placets, &

rous égards & preventions contraires à la vraye Iustice, sera fait un Rolle des causes plaidoiables par le sieur President instructeur dans ladite Iurisdiction, à tel jour de la semaine qui sera par luy choisi dans son Hostel, où le Greffier & les Procureurs se trouveront ; & châcun desdits Procureurs y ayant porté la liste des causes estans en ses mains, elles seront distribuées dans ledit Rolle, & rangées en sorte que châque Procureur en ait un certain nombre dans le premier ordre selon l'ancienneté, sauf à recommencer par le premier desdits Procureurs, & continuer dans le mesme ordre lorsque la premiete distribution aura esté accomplie; & sera ledit Rolle redigé par le Greffier en presence du sieur President, & par luy signé, sans y pouvoir estre rien innové, adjousté ny diminué dans la suite par ledit Greffier à peine d'interdiction, ce qui sera inviolablement executé suivant l'ordre prescrit, sauf à recevoir par ledit sieur President les Placets qui luy seront donnez pour les causes des Prisonniers forains, étrangers, Voituriers & pauvres parties, qui paroistront assez favorables ou privilegiées pour estre plaidées hors du Rolle, laissant à sa religion d'en faire le choix autant qu'il le jugera comparible avec la Iustice & l'équité : pourra estre aussi la cause appellée dans l'ordre du Rolle, renvoyée & rappellée au premier jour suivant l'exigence du cas, & ce sans aucune nouvelle sommation.

X X.

Pour éviter toutes les longueurs & chicanes qui se pratiquent au grand dommage de la Iustice & des parties, par la multiplication des actes & significations qui se font entre les Procureurs ; quand la cause

sera en estat d'estre plaidée , il suffira d'une sommation,
pourveu qu'elle soit du moins du jour devant la premiere
Audiance pour laquelle elle sera faite, & servira sans qu'il
soit besoin d'autre pour tous les autres jours d'Audiance
qui arriveront dans la huitaine, sans que lesdits actes inu-
tilement geminés, & au prejudice du present Reglement,
puissent entrer en taxe de dépens, à peine de radiation contre le Procureur qui l'exigera, & d'en repondre par le tiers
qui procedera à ladite taxe.

<h3 style="text-align:center">X X I.</h3>

Pareilles defenses sont faites ausdits Procureurs sous les
mêmes peines, de mettre en taxe aucunes écritures inutiles , comme Contredits , Repliques , Dupliques , & autres
abrogées par l'Ordonnance ; particulierement par celle qui
a esté faite pour les Iurisdictious du Commerce & matieres
sommaires, non plus qu'aucun Inventaire de production, &
autres écritures generalement quelconques sur une Ordonnance de deliberé sur le Registre; comme encore de payer
ou faire payer par leurs parties d'autre droit au Greffe que
celuy de deux sols & six par Rolle non compris le timbre; &
ce pour toutes causes generalement quelconques, conformement aux Edits , Reglemens & Arrests de la Cour;
& aux Greffiers de rien exiger ny recevoir au delà à peine
de concussion , & de complicité à l'égard des Procureurs,
mêmes nonobstant le consentement des parties.

<h3 style="text-align:center">X X I I.</h3>

Les Deliberé sur le Registre seront vuidez au relevé de
l'Audiance , ou au plus tard le landemain, dans la Chambre du Conseil si l'affaire requiert ce délay , & ce sur le
simple veu des pieces remises & communiquées , le tout
aussi conformement à l'Ordonnance.

XXIII.

Seront les Ordonnances & les Sentences expediées &
delivrées aux parties avec toute la diligence requise, sans
que pour les Iugemens contradictoires rendus à l'Audiance, il puisse estre donné un plus long terme que celuy de
trois jours pour la remise des plaidoyers; passé lequel temps,
sera ladite expedition faite sur celuy du diligeant, & sur
ce qui se trouvera d'ailleurs au plumitif; auquel effet seront les contraintes necessaires decernées contre le Greffier.

XXIV.

Seront les Huissiers de cette Iurisdiction tenus & obligez d'estre assidus au service, & de se rendre exactement
aux jours d'Assemblée & d'Audiance, soit à la porte de
la Chambre dudit Conseil ou à ladite Audiance, ainsi que
ledit service le requerra au moins au nombre de deux, à
peine d'estre privez de leurs gages, & de plus grande s'il
y échoit; défenses tres-expresses leur sont faites d'exiger
& reçevoir de plus grands droits de leurs Exploits & Ver-
baux, que les droits ordinaires & reglez.

XXV.

Il est tres-expressement enjoint à ceux desdits Huissiers
qui procederont aux ventes qui se feront de l'authorité de
cette Iurisdiction, de clorre le Procez verbal desdites ventes châque jour, & d'employer six heures au moins à ladite vente; aprés laquelle parachevée, ils remettront in-
continant au Greffe un extrait de ladite vente, ensemble
les deniers provenus d'icelle és mains de la partie, s'il n'y a
aucune saisie & opposition: & où il y en auroit, en celles du
Receveur des Consignations des effets mobiliaires de ladite Iurisdiction, sous les mêmes peines que dessus, &
d'y estre incessamment contraint comme depositaires,
nonobstant lesdites saisies & oppositions, lesquelles tien-

dront és mains dudit Receveur.

XXVI.

Les Cautions qui seront prestées pour l'execution des Iugemens seront nommées pardevant le sieur President ou Instructeur dans ladite Iurisdiction, & délay donné de trois jours au plus pour contester la solvabilité; apres lequel, & les significations deüement faites à partie ou domicile, ou au Procureur s'il y en a en cause, elles seront reçuës, & ce suivant l'intention & aux termes de l'Edit du mois de Iuillet mil six cens soixante-neuf : pourra neanmoins estre ledit délay prolongé de quelques jours, par la raison de l'absence de la partie étrangere ou non domiciliée qui pourroit contester ladite solvabilité.

XXVII.

Finalement, tres-expresses inhibitions & défenses sont faites ausdits Procureurs de faire aucunes procedures ir-regulieres & contraires audit Edit, & de poursuivre au-cuns Iugemens diffinitifs en quelque cas & pour quelque cause que ce soit autrement que pardevant les sieurs Iu-ges assemblez, soit dans la Chambre du Conseil ou en celle de l'Audiance, au nombre porté par l'Edit de mil six cens cinquante cinq, confirmé par celuy de mil six cens soixante-neuf, à peine de nullité desdits Iugemens, conformément ausdits Edits, & d'en repondre par les Procureurs en leur propre & privé nom, même des dommages & interests des parties; comme encor d'encourir les autres peines portées par les Ordonnances & Arrests de la Cour.

XXVIII.

Enjoint aux Procureurs de faire leurs presentations au Greffe sur le Registre tenu à cet effet à peine de nullité, d'estre privé de leurs droits de presentation, & de plus grande peine en cas de recidive ; pour lequel droit de presentation, defenses sont faites au Greffier de prendre plus de deux sols & six deniers.

Le susdit Reglement a esté leu & publié en l'Audiance de la Conservation des Privileges Royaux des Foires de Lyon les plaidz tenans, & registré au Greffe d'icelle, oüy & ce requerant Me THOMAS DE MOULCEAU Procureur du Roy en ladite Conservation, le Lundy vingt-neufviéme Avril mil six cens quatre-vingt-six, par moy Greffier en ladite Conservation soussigné, MAILLARD Greffier.

SVR ce qui nous a esté remontré par le Procureur du Roy, que quelques soins qu'on ait pris pour retrancher un grand nombre d'abus qui ont esté introduits dans la maniere de proceder en cette Iurisdiction, & d'y poursuivre la Iustice devë aux parties, en y establissant une Regle contraire à ces abus, dans la discipline & pratique qui y doit estre observée ; certains Procureurs qui y plaident & postulent, se sont si fort prevalus de la tolerance & complaisance qu'on a eüe pour eux jusques à present, qu'au mépris de nôtre Ordonnance du dixneufviéme Avril mil six cens quatre-vingt-six, leüe & publiée à l'Audiance, contenant plusieurs Articles en forme de Reglement, qui ont pourvu à la plus grande partie desdits abus, & à l'establissement de cette discipline & pratique dans l'administration de ladite Iustice, ils n'ont laissé de persister dans leurs precedentes manieres, par une contravention qui meriteroit une animadversion notable, si l'on n'estimoit plus à propos de reserver cette severité pour l'avenir, afin d'obliger plus doucement les contrevenans qui pretendent s'excuser sur un usage inveteré

& souffert, à ne plus s'attendre à une pareille indulgence, & à ne plus croire que les peines imposées à ceux qui n'obſerveront pas leſdits Reglemens, & ceux qu'on a propoſé d'y ajoûter par interpretation ou autrement, puiſſent n'eſtre cenſées que comminatoires. REQUEROIT ledit Procureur du Roy à cet effet, qu'il fut par Nous ordonné que les Articles de Reglement preſcrits par nôtre precedente Ordonnance, fuſſent iterativement leus & publiés l'Audiance tenant, avec ceux que nous avons depuis reſolus ſur ſes requiſitions, & ſur la deſcouverte de quelques nouveaux inconveniens ou incidens auſquels il eſt neceſſaire de pourvoir ; ce qui a eſté par nous ainſi ordonné, le tout en conformité des Ordonnances & Edits concernant cette Iuriſdiction & attributions d'icelle, leſdits nouveaux Articles contenant ce qui s'enſuit.

Pour faire ceſſer les difficultez qui ſont ſurvenues de temps en temps, & qui ont donné lieu pluſieurs fois d'éloigner le Iugement des cauſes qui doivent eſtre jugées par Iugement dernier, par le defaut du nombre de Iuges pretendus neceſſaires en pareil cas ; & attendu que la preſuppoſition de cette neceſſité eſt contraire aux termes & à l'intention des Edits, qui ont étably ou confirmé les attributions de cette Iuriſdiction, & entr'autres de celuy du mois de May mil ſix cens cinquantecinq, qui veut en termes exprés, qu'en toutes matieres civiles le nombre de cinq Iuges ſoit ſuffiſant, & celuy de ſept ſeulement requis dans les affaires criminelles, ſans qu'il y ait rien eu d'innové pour ce regard par l'Edit du mois d'Aouſt mil ſix cens ſoixante-neuf, qui a donné le pouvoir de juger en dernier reſſort dans toutes cauſes ou les ſommes n'excedent pas celle de cinq cens livres; ſeront les Parties, Avocats & Procureurs avertis que de

pareilles

pareilles caufes pourront eftre & feront competamment & legitimement jugées, pourvû qu'il y ait des Iuges audit nombre de cinq, & fans appel.

Et en interpretant le vingtiéme Article de la precedente Ordonnance, par lequel il a efté dit que moyennant le Rôlle des caufes prefcrites par l'Article dix-neuf, il fuffira d'une fommation pour tous les jours d'Audiance qui arriveront dans la huitaine; l'inutilité de toute autre fommation aprés la premiere ayant efté reconnüe, jufques à ce que la diftribution des caufes du Rôlle courant aye efté confommée.

Il eft dit & declaré à toutes Parties & Procureurs par le prefent Article, que nul autre acte de fommation que celuy de la premiere n'entrera en taxe de dépens, & défenfe au tiers qui procedera à ladite taxe d'en employer d'autre à peine d'en répondre, même pour celles qui feront appellées extraordinairement, & fur des placets aux cas predits, ou qui feront renvoyées precifement au premier jour; Et il eft en outre ordonné que les feüillets du Rôlle feront paraffés où befoin fera par le Prefident ou Inftructeur en fonction; bien entendu que les Reglemens ne feront compris parmy les caufes du Rôlle, & qu'ils feront plaidez par lefdits Procureurs tous les Mecredys, & à la maniere prefcrite par la precedente Ordonnance, fur une feule fommation, laquelle fervira & fuffira pour tous les jours fuivans, quand le Reglement n'aura pû eftre appellé au jour marqué par icelle.

Et d'autant que les taxes defdits dépens font ordinairement groffies par des Requeftes d'employ que les Procureurs font de leur chef, amplifient comme bon leur femble, & les font valoir à leurs parties comme fi elles estoient sorties de la plume des Avocats , & qu'ils en eussent avancé les frais. DEFENSES tres-expresses sont faites ausdits Procureurs de mettre parmy leurs pieces aucunes semblables Requestes qui ne soient signées par lesdits Avocats, quand les causes auront esté par eux plaidées, & que par leur qualité elles auront esté trouvées d'une necessité à estre appointées en droit ; pareilles Requestes au surplus, & toutes autres écritures estant & demeurant abrogées dans les deliberez sur le Registre , ou lors qu'on aura simplement ordonné la remise des pieces à un des Iuges, laquelle audit cas sera faite sur le Bureau sans autre addition , & immediatement aprés la prononciation ; faisant pareilles défenses à celles de l'Article precedent de mettre lesdites Requestes en taxe , le tout sauf & sans prejudice de ce qui sera reglé cy-aprés sur le requisitoire dudit Procureur du Roy, pour la moderation des frais & articles de dépens que les Procureurs font supporter à leurs parties.

Et encore que l'execution des Iugemens de cette Iurisdiction, par contrainte personnelle des parties condamnées, soit une dependance & accessoire ordinaire de ses privileges , neanmoins comme il y a plusieurs cas où la decharge de cette contrainte est raisonnable & naturelle , pour éviter à l'avenir les inconveniens survenus cy-devant de ladite execution sous entenduë & non exprimée, si ce n'est par une Commission donnée par le Greffier, comme aussi pour retrancher les frais inutiles de l'expedition & levée de ladite Commission: Il est enjoint audit Greffier d'exprimer dans lesdites Sentences la contrainte par corps suivant les rigueurs de cette Cour , lors qu'elle aura esté prononcée ; avec le mandement à tous Huissiers & Sergens de proceder à ladite execution sans Visa ny Pareatis, conformement aux Edits ; & en consequence défenses sont faites audit Greffier d'expedier ny délivrer aucune autre Commission separée ny autrement , & ce à peine d'interdition, & de tous dommages & interests , à moins que ladite Commission ne soit requise par la partie ; auquel cas elle pourra estre délivrée entierement conforme au Iugement prononcé, & sans autre taxe que celle portée par lesdits Edits.

Seront les Articles contenus au present Reglement, & au precedent , releus & publiés au commencement de châque premiere Audiance où entreront les nouveaux Iuges apres la feste des Roys.

Le precedent Reglement, dont publication a esté faite le vingt-neuf Avril mil six cens quatre-vingt-six en l'Audiance de la Conservation des Privileges Royaux des Foires de Lyon, les plaidz tenans, y a esté de nouveau leu & publié : & en outre les Articles ajoûtez y ont esté pareillement leus & publiés, & en consequence registrés au Greffe d'icelle, oüy & ce requerant Mᵉ THOMAS DE MOULCEAU Procureur du Roy en ladite Conservation, le Vendredy vingt-six Novembre mil six cens quatre-vingt-huit, par moy Greffier en ladite Conservation soussigné, MAILLARD Greffier.